AF466541

LA CONSTITUTION DE L'AVENIR

PRÉCÉDÉE DE

RÉFLEXIONS RÉPUBLICAINES SUR LA CONSTITUTION

ET D'UNE

DÉDICACE AU CZAR NICOLAS

PAR

CH. HUGO-AMBER.

Entre la république rouge et la république bleue, je préfère la blanche, puisque celle-ci, de même que la lumière, unit toutes les couleurs sans en avoir l'apparence, afin d'éclairer sans éblouir. Cette constitution, toutefois, s'adresse à un peuple moral ou du moins qui peut le devenir, grâce à cette même constitution; car sans cela toute organisation est nulle.

PRIX : 50 CENTIMES.

PARIS

LIBRAIRIE DE NAPOLÉON CHAIX ET Cie, RUE BERGÈRE, 8,

ET CHEZ TOUS LES LIBRAIRES.

1848.

DÉDICACE.

Un auteur persuadé de la vérité qu'il veut mettre au jour pour mieux éclairer ses contemporains, doit commencer par convaincre ses adversaires, afin d'absorber tous leurs doutes, de même que le rayon du soleil touche d'abord aux nuages et absorbe au plus tôt les ténèbres. C'est donc pour cet effet que je m'adresse à vous, Czar, à vous qui, redouté des peuples, doutez même que ceux-ci puissent jamais être heureux et jouir du repos à moins d'être assis à l'ombre du pouvoir absolu; et c'est à ce prétendu pouvoir absolu dont vous avez l'intention de couvrir l'Europe en enchaînant sa liberté, que je m'engage à opposer le seul pouvoir absolu, descendant du ciel, LA VÉRITÉ.

Cette vérité, dans le ciel, l'harmonie fondée sur des lois établies par la justice universelle, et sur la terre, l'ordre basé sur des lois émanées d'une constitution, est donc une *constitution* surnommée celle *de l'avenir*, parce qu'elle pourrait être aussi perpétuelle que la constitution du monde, et qu'elle ne saura par le fait être adoptée que par l'avenir.

Ainsi, l'avenir, qui, j'en suis sûr, rendra tout le

monde républicain ou du moins constitutionnel, adoptera pour ses enfants les moins frivoles la constitution *positive* que je viens d'accomplir, après vingt années d'expériences sociales et de réflexions politiques, et que je veux, ne connaissant encore aucun fruit mûr parmi tant de fleurs que pousse déjà l'arbre de la liberté, c'est-à-dire aucun républicain pur, dédier à un autocrate pur, par la raison que les extrêmes se touchent.

Mais il y a encore d'autres motifs qui m'engagent à dédier mon ouvrage exclusivement républicain à un autocrate, à ce représentant pur de l'absolutisme, c'est que l'absolutisme est bon gré mal gré devenu le père de l'esprit du temps constitutionnel, et par conséquent la souche inverse des générations républicaines; c'est à ce titre, dis-je, que républicain de nature aussi bien que de naissance, je me suis cru obligé de rendre cet hommage à l'absolutisme.

Aussi, avec la meilleure intention du monde, me suis-je proposé de dédier une *constitution de l'avenir* à vous, Czar, phare de l'absolutisme, qui manifestez de la manière la plus déterminée votre pouvoir dans un vaste empire et sur des peuples aussi nombreux; mais cependant que vous pourriez montrer beaucoup moins équivoque et plus absolu encore, en faisant une chose à laquelle vous n'êtes point du tout contraint, ce qui prouverait mieux peut-être votre pouvoir et même dans ce qn'il a de plus absolu, c'est-à-dire en donnant à vos peuples une constitution.

Donnez-leur au moins une sorte de constitution qui soit conforme à leurs besoins, afin, dis-je, de mieux établir votre pouvoir, lequel alors, loin d'être plus pesant pour vous ou pour vos peuples, n'en deviendra que plus agréable pour vous tous ensemble : la voix du tonnerre qui fend les nuages pour faire tomber la pluie sur la terre altérée, n'en est pas moins imposante parce que sa foudre, paralysée et arrêtée, cesse d'être nuisible, grâce au paratonnerre, lequel est la constitution que je réclame. Donnez-la leur donc avant d'y être forcé, avant que du sein du Caucase ou du cœur de la Sibérie ne se lève la voix retentissante du temps pour vous crier : *Il est trop tard !*

Je connais bien votre bon peuple et sa profonde tranquillité, et plus d'une fois j'ai pu considérer la fermeté de votre gouvernement, lequel, parfait dans son genre, le couvre comme la glace un volcan. Mais ce couvercle sera-t-il assez ferme pour retenir son éruption lorsque le cratère sera plein? Ce n'est qu'une constitution qui pourrait rendre inébranlable votre gouvernement et prévenir l'explosion d'un état comprimé.

J'ai eu l'occasion de voir de près votre force armée et son impassibilité devant le feu et d'apprécier la sûreté de votre diplomatie, laquelle, admirable dans son genre, fortifie et garde encore mieux votre empire, de même que la serrure à secret, la chaîne. Mais ses anneaux seront-ils assez serrés pour maintenir le couvercle tellement hermétique qu'il puisse contenir l'ébullition, lorsque le choléra-morbus de la liberté venant du sud y aura pénétré sous peine du talion?... Ce n'est donc qu'une constitution qui saura rendre sûre votre diplomatie et préserver de la révolution une armée toute prête peut-être à conspirer.

Je me flatte aussi de connaître votre caractère énergique et son profond ressentiment contre les vaillants enfants de la France, de même que je crois connaître ses plans, lesquels, merveilleux dans leur genre, renferment la foudre comme le nuage la tempête. Mais cette nue sera-t-elle assez épaisse pour couvrir l'Europe ressuscitée et vaincre la chaîne de montagnes de ses peuples libres, lorsqu'une bourrasque s'élèvera de toutes les fentes de rocher?... Ce n'est donc qu'une constitution qui saura vaincre en votre faveur, cette France inébranlable et tous les peuples libres, par leur admiration pour vous, à l'occasion de cette constitution qui vous soumettra davantage vos propres peuples.

Et j'ai même l'honneur, Czar, de vous connaître encore de plus près; car j'ai souvent vu votre personne et j'ai souvent considéré ses actes ; et je sais combien vous êtes accessible au langage du cœur et de la raison, de quelque part qu'il vous vienne. Aussi, est-ce pourquoi je me suis adressé à vous, Czar, avec autant de franchise ; et même, appréciant toutes vos excellentes qualités, j'oserai y ajouter ce que disait Alexandre à Diogène, mais, naturellement, cette fois au rebours : Je voudrais être le czar Nicolas, si je n'étais pas le républicain le plus dévoué.

Charles Hugo-Amber.

Paris, 24 juin 1848.

RÉFLEXIONS RÉPUBLICAINES

SUR

LA CONSTITUTION.

La constitution est le pivot de l'ordre, et fait la précision de la justice.

La constitution doit donc se composer des conditions indispensables à l'ordre des fonctions publiques, d'une part, et à la justice des fonctionnaires de la république, de l'autre.

Les conditions de la constitution consistent dans des articles précis, combinés de façon à former la base des lois continuelles et des décrets temporels.

Tous les articles combinés formant les membres du corps politique, qui est la constitution, doivent être appropriés aux membres du corps social, qui est la république.

Or, de même que chaque homme qui remplit le devoir de citoyen est membre de la république, de même chaque article du corps politique doit s'accorder avec la liberté de l'homme ainsi qu'avec l'égalité des citoyens.

Les articles de la constitution, pour rendre la république parfaite, doivent donc comprendre tout ce qui concerne le droit de l'homme et le devoir du citoyen.

La république sera parfaite lorsque la constitution sera complète.

Lorsque la constitution est complète, rien ne peut y être changé, et par conséquent la République devient inébranlable.

La république en elle-même est bien l'état parfait de la société humaine; cependant, jusqu'ici, nulle d'entre celles qui ont existé ne le fut jamais en réalité, parce que toutes ont manqué d'une constitution complète : aussi, toutes ont-elles, par là même, changé de face, c'est-à-dire de gouvernement, ou ont-elles dégénéré en différentes formes gouvernementales, par exemple, en anarchie, en despotisme, etc.

La constitution étant la force vitale du corps social, donne à la société existence et expression.

Or l'expression de toutes les constitutions n'ayant été jusqu'ici que *négative*, l'existence de la société n'a dû être que relative.

Les constitutions ont été négatives, parce qu'elles n'ont jamais élevé par leurs articles, qui avaient pour objet d'empêcher les abus du gouvernement, qu'un rempart contre le pouvoir.

Cependant une constitution complète est *positive*.

Mais, pour que la constitution soit positive, elle doit mettre la société à même d'apercevoir tout abus à peine tenté, de façon à ce qu'elle s'en gare.

La constitution complète rend la république parfaite, lorsque tout abus, à peine né, est aussitôt étouffé.

Ainsi, la constitution positive est le complet des conditions qui ont dû être précisées et déterminées, afin qne nul excès ne pût arriver ni dans l'ordre ni dans la justice; et partant, elle est la base d'un gouvernement irréprochable.

Une telle constitution est non-seulement possible, mais elle est toute naturelle, étant identique avec la véritable république.

Elle est possible; car il est impossible que la société humaine soit destinée à rester toujours la chose des abus, lesquels ne durent être, par le fait cependant, que des leçons pour le genre humain encore mineur.

Elle est naturelle, puisque c'est le naturel de tout vrai citoyen que d'être blessé de toute violence qui pourrait menacer le salut public où il trouve son propre salut, et par conséquent au bénéfice duquel il est obligé de chercher à étouffer toute tentative anormale, avant qu'elle ne puisse éclater en abus.

La constitution positive enfin est identique avec la véritable république, puisque toutes les deux se déterminent l'une par l'autre comme l'âme et le corps. Aussi, toute constitution, occulte ou avouée, fut-elle toujours conforme à l'état de société humaine, de même que la constitution du corps humain n'est que le résultat de son organisation.

Or, de même qu'il y a des hommes bien portants pendant toute leur vie, soit qu'ils n'abusent jamais de leur bonne constitution, ou, s'ils le font, chez lesquels celle-ci s'efforce aussitôt de repousser les quelques abus qu'ils se sont permis, sans que, dès lors, la santé se soit jamais réellement troublée ; de même, une constitution complète, étant la santé parfaite de la société humaine, laquelle constitue la véritable république, devient aussi bien possible que positive.

La constitution positive est, pour ainsi dire, la maturité de la société humaine. Mais si la fleur précède le fruit pour annoncer par le langage muet de son parfum le but de l'arbre; la fraternité, cette fleur de l'humanité, a dû précéder la constitution complète, ce fruit de l'intelligence, pour annoncer, par la véritable république, le but de l'arbre de la liberté, ce véritable arbre de *la science.*

Étudions donc jusque dans ses racines cet arbre généalogique de la société humaine, afin de constater l'évidence de ses progrès et pouvoir espérer que ses fruits seront bientôt arrivés à maturité.

Les hommes, avant d'être devenus barbares, avaient été

à l'état de brutes ; la preuve en est qu'ils se sont traités mutuellement comme des bêtes, et, par cela même, se sont fuis les uns les autres; mais ce ne fut que pour se rechercher de nouveau, poussés par le penchant qui porte l'homme vers son semblable.

Ce penchant vers son semblable se trouve bien également parmi les bêtes; mais là il provient seulement d'un germe animal qui procède de l'instinct, tandis qu'il s'élève parmi les hommes d'un germe d'humanité qu'on appelle l'*amour*.

L'*amour*, cette étincelle du ciel tombée dans le cœur humain, établit donc la distinction entre la bête et l'homme, et prouve que celui-ci, loin d'être destiné à vivre seul, comme la bête, est entraîné à s'unir avec une autre personne de son genre, laquelle lui porte le même germe d'humanité pour former ensemble une petite société, laquelle est la famille.

Mais l'amour, ce rapport du ciel avec la terre, étant de la sorte pour l'homme la source d'où découlent pour lui des jouissances et des consolations au bénéfice de sa famille, est en même temps devenu une occasion de maux, à cause des soins que l'homme est obligé de subir pour sa famille.

La peur et le soin ressortant de l'amour, sont ces mouvements qui font jaillir du cœur humain l'amour du prochain, et, dès lors, entraînent l'homme vers l'homme, afin de s'aimer, de s'unir et de se protéger mutuellement.

Le germe de l'humanité, l'amour, est donc la racine de la société humaine, qui pousse la fleur de l'humanité, ou la fraternité, et porte le fruit de la société humaine, ou le salut public.

Toutefois, le salut public, depuis la naissance de la société humaine, dut être menacé du dedans ainsi que du dehors, puisque les hommes, encore barbares, ne purent se dispenser de leur propension primitive, c'est-à-dire des luttes.

Les hommes ont donc lutté contre les barbares. Ainsi, pour défendre les siens, on a fait la guerre. Or, la peur ayant été la mère de l'amour, est par là même devenue la précaution, c'est-à-dire la nourrice de la paix.

Les hommes cependant se sont habitués aux luttes, et pour nourrir les leurs, ont commencé à faire la guerre à leurs premiers compagnons, c'est-à-dire sont allés à la chasse.

Les hommes faibles, les vieillards et les femmes, à leur tour, pour contribuer de quelque façon aux besoins des chasseurs auxquels ils devaient sûreté et nourriture, leur préparèrent des commodités et leur procurèrent des récréations ; de là, la culture de la terre ; de là, l'autel et les fruits de la paix, le foyer domestique et l'agriculture.

La terre, cette mère universelle de toute créature, élevant, par sa culture, l'homme à l'état de favori, c'est-à-dire de travailleur, récompensa son assiduité par l'abondance ; mais l'amour-propre, cet adversaire de tout autre amour, engendrant l'opulence, fit naître l'échange, lequel multiplia et propagea l'intérêt et la vanité, et donna partout lieu aux différends et aux discordes, où le plus fort resta vainqueur, remportant la victoire de l'arrogance, le triomphe de la violence.

Mais les injustices des forts produisirent dans le faible le sentiment de son droit, de telle sorte qu'il le confia au plus expérimenté ; et dès lors, la vénérable vieillesse, penchant vers le faible et imposant au fort, détermina le droit et le devoir, et établit par là même le règne de la justice en donnant des ordres à la société : ainsi l'ordre, inspirant tous les hommes de son charme conciliant, devint-il l'âme de l'État.

Dans la suite, pour prévenir enfin les désordres souvent répétés, au lieu d'avoir recours à des juges improvisés, on dut élire un juge permanent qui, avec le consentement du peuple, fit des dispositions en faveur de la justice, à l'institution de laquelle, de même que le faible, le fort se soumit à son propre bénéfice, puisqu'il y trouva même un appui contre un plus fort ; et c'est cette première institution qui rendit le plus faible aussi libre que le plus fort, et, conséquemment, l'un égal à l'autre, ce qui fut la *loi*.

La loi donc fut la première constitution, constitution qui garantit la société contre les excès de la force, c'est-à-dire contre les abus du pouvoir physique de tout impérieux.

Garantie par la politique contre les abus de la force physique, aussi bien au dedans qu'au dehors, la société fit naître dans son sein la force morale, et commença à développer l'esprit ; mais c'est avec eux que se révélèrent, d'une part, la jalousie, cette faiblesse morale ; et de l'autre, la ruse, cette violence spirituelle, lesquelles, à leur tour, désunirent les hommes ; de sorte que la sagesse des hommes plus éclairés s'est trouvée contrainte de se donner une autre constitution, une constitution *positive*, afin de prévenir les abus de la force morale, en lui imposant du respect pour la plus grande somme d'esprit, c'est-à-dire afin d'élever les âmes et de les lier par la *religion*.

La loi et la foi, ces institutions premières et permanentes de l'esprit humain, furent donc la base et la coupole de cette construction, laquelle, avec les arcs-boutants de la justice et de l'ordre, forma l'édifice de l'État, où, sous l'influence de la politique et de la religion, la société humaine, dans l'exercice des beaux-arts et du travail, ainsi que dans la culture des sciences et des bonnes mœurs, se débarrassa de plus en plus de la barbarie pour arriver à la flamme pure qui brille sur l'autel de l'humanité, c'est-à-dire au *christianisme*.

Cette flamme de la divinité, en attirant les hommes, les rapprocha les uns des autres, et en remplissant leurs cœurs de l'amour du prochain, les rendit heureux : aussi les hommes, faits pour travailler et destinés à goûter les fruits de leur travail, jouiraient-ils encore de leur bonheur, après tant de travaux forcés, qui sont les luttes, s'ils avaient toujours été bien gouvernés.

Mais les gouvernements, qui avaient d'abord pour but d'unir les hommes, et pour mission de les rendre heureux, redoutant l'union du peuple, qui les rendait heureusement moins nécessaires, et partant jaloux du bonheur de la société, la divisèrent-ils au moyen de la religion elle-même ; et c'est par là qu'on tint faussement la religion pour fille de la politique, tandis que celle-ci au contraire ne fut jamais par le fait que sa séductrice marâtre. Aussi les peuples, une fois séparés par les luttes de religion, furent-ils facilement divisés en eux-mêmes, et servirent-ils aux luttes de la politique, ce dont les princes profitèrent pour étendre leur pouvoir, déjà trop fondé sur la division.

Toutefois les peuples, au milieu des misères qui surgirent de la lutte, bien qu'en obéissant aveuglément aux princes, commencèrent à pleurer la condition de leur état contre nature, et dès lors ouvrirent les yeux sur les abus de leurs gouvernements, afin de pouvoir s'en garantir; mais, éblouis aussitôt par la fausse auréole de souveraineté usurpée par les princes pendant la division de leurs sujets et placée par eux-mêmes sur leur tête, ils respectèrent encore les descendants des rois, devenus légitimes par l'arrogance d'un côté et par l'ignorance de l'autre, jusqu'à ce que, par trop opprimés, ils se révoltassent et s'armassent, non encore pour chasser ces princes dominateurs, ou du moins pour abolir leurs dynasties, cette source de toutes prétentions et de tous privilèges, mais seulement pour élever une digue contre le torrent des excès et contre les abus du pouvoir, et cette digue s'appela une *constitution*.

Le peuple posséda donc une constitution et s'en reposa sur elle ; mais les princes n'en possédèrent pas moins la tradition et n'eurent de repos que lorsqu'ils purent la faire interpréter à leur bénéfice, c'est-à-dire que lorsque, par voie de succession, ils purent s'en servir comme d'un meilleur moyen pour tourner la constitution. Aussi l'histoire, à chaque page jusqu'à nos jours, a-t-elle assez à rougir de ces tours traditionnels des rois nommés constitutionnels.

Preuve encore que toute constitution n'a été jusqu'ici que *négative*, puisqu'elle n'a eu d'autre but que de mettre des bornes aux abus du pouvoir. Toutefois, cette même constitution négative, coupant court à l'absolutisme, est par le fait un degré pour l'humanité, et partant un progrès du peuple vers la régénération de sa souveraineté, pour arriver enfin au dernier résultat des efforts de la société humaine, lequel est la constitution *positive*, analogue à la première constitution positive qui fut la religion.

Examinons donc les premières constitutions négatives, afin de voir quelle est celle qui en devra résulter.

Nous trouvons bien dans l'histoire du huitième siècle les premières traces d'une sorte de constitution ; mais cette constitution, comme toutes celles plus étendues et mieux déterminées qui la suivirent, ne fut conçue que sous un seul aspect, et, partant, n'eut point d'influence sur le reste de l'Europe : aussi fut-elle inconnue, de même que l'est presque encore de nos jours le peuple originel auquel elle s'appliquait, je veux parler des Hongrois.

Il y a mille ans que les Hongrois, au nombre de sept tribus, leurs chefs en tête, vinrent de l'Asie et s'unirent pour former une nation sous un seul prince élu, lequel fut Almos, avec lequel, pour se garantir réciproquement des abus, on arrêta cinq articles qui déterminèrent :

1° Que désormais le prince, ainsi que tout autre de ses successeurs, devrait appartenir à la lignée d'Almos ;

2° Que tout ce qui serait conquis par leur force unie serait de droit distribué entre eux d'après le mérite de chacun;

3° Que les chefs ni leurs descendants ne seraient jamais exclus des conseils du prince ou du gouvernement;

4° Que le sang de celui serait versé, qui manquerait à sa foi pour le prince, ou qui deviendrait une cause de dissensions entre le prince et les chefs du peuple;

5° Enfin, que si un descendant du prince ou d'un des chefs violait le serment ou les ordres de ses ancêtres, il fût banni à perpétuité du milieu du peuple.

Ce contrat, aussi simple qu'il était, aurait pu suffire à tenir lieu d'une constitution convenable pour un peuple guerrier, si Arpàd, fils et successeur d'Almos, supportant avec peine le frein que lui mirent les chefs du peuple, n'eût multiplié leurs rangs en distribuant des terres conquises en Hongrie aux guerriers, qu'il éleva ainsi à la dignité de chefs, et dont il fit par conséquent ses vassaux. Tels sont les commencements de la féodalité qui s'établit au milieu de la nation, en la dépossédant par là même de l'esprit constitutionnel.

Deux siècles plus tard, sous le premier roi, sous le soi-disant saint Étienne, ce même esprit constitutionnel finit par disparaître devant une autre constitution qu'il donna à ses vassaux et à tous ceux qui étaient à son service, ce qui fit parvenir la féodalité à ses dernières limites. Pourtant, comme toutes les institutions injustes, dont les princes se servent au bénéfice de leur pouvoir contre le peuple, ne deviennent dans la suite qu'autant de degrés de perfectionnement pour la société, la haute noblesse excessivement privilégiée et pullulant de plus en plus, arriva à son tour à être plus forte que le roi et fit régner une oligarchie anarchique sur le royaume; de sorte que, deux nouveaux siècles après (1222), les gentilshommes, formant seuls alors le peuple, furent contraints de s'insurger pour obtenir une constitution qui respectât leurs droits.

Le peuple gentilhomme, content d'avoir pu sauvegarder ses libertés contre les abus du roi et contre ceux des magnats, ne songea point à émanciper le véritable peuple encore esclave, et à abolir la haute aristocratie, ou du moins à garantir également le roi, descendant l'Almos, contre les excès de l'oligarchie, laquelle continua à user de son pouvoir excessif, et par là même à couvrir toujours le ciel de Hongrie comme d'une sombre et épaisse nuée déversant toutes les afflictions et les vexations sur ce peuple fier, mais vaillant, jusque dans nos jours; ce temps de représailles, où l'aristocratie, craignant la peine du talion de la part du peuple abusé, commence à rétablir l'ancienne constitution sur les bases les plus larges. Tout cela pourtant n'empêchera pas que le peuple, arrivant de plus en plus à la connaissance de ses droits, ne s'efforce de les garantir contre les abus futurs de l'aristocratie, en l'abolissant réellement, comme elle l'est déjà moralement en Hongrie et en tout autre empire, surtout lorsqu'elle est abolie de fait en France.

Telle est l'histoire de la première constitution à peine connue en Europe, laquelle Europe aspire enfin tout entière à devenir constitutionnelle après être partie d'une constitution défectueuse, laquelle, ayant pris son origine dans le huitième siècle et s'étant formulée plus exactement dans le treizième, ne l'est réellement devenue que de nos jours, quand le peuple proprement dit commence enfin à jouir de ses droits grâce à la constitution moderne, laquelle toutefois ne les garantit pas suffisamment contre les abus possibles des magnats, puisqu'elle ne les abolit pas.

Cependant, cette vieille constitution, quelque défectueuse qu'elle soit, a toujours été bonne à maintenir toute la nation dans sa liberté originelle, et à la faire résister aux tentatives de destruction, et aux tentations corruptrices de ses derniers rois, lesquels, pour comble de malheur, ont été des empereurs d'Autriche. Preuve qu'une constitution, même la plus défectueuse, vaut encore mieux que le meilleur roi, celui-ci n'existant que pour un instant et étant toujours remplacé par un opposant, tandis que celle-là subsiste en dépit des rois.

Dans le même treizième siècle, huit ans avant que les Hongrois eussent reconquis leur constitution, alors nommée *la bulle d'or*, le peuple anglais, luttant contre de pareils abus, remporta, dans la *magna carta*, une constitution plus solide encore, ayant pour base les droits du peuple ; ce qui fut cause que les Anglais purent pendant ces six siècles devancer les Hongrois dans leurs institutions sociales, politiques, etc., etc. Mais quant à la constitution en elle-même, avec tous ses avantages, elle n'est toutefois que très-négative, puisque son principal avantage n'est que négatif, celui-ci consistant dans la responsabilité de tous moins celle du roi.

D'un autre côté, la constitution anglaise présente un plus grand inconvénient que celle de la Hongrie, laquelle, bien que défectueuse dans sa base, est toutefois préférable à celle de l'Angleterre en ce qui touche à la suprême condition d'une constitution, qui est la responsabilité du chef quelconque; car, d'après la constitution hongroise, le roi est responsable devant les barons du royaume, dont il peut, au besoin, devenir justiciable; tandis que les Anglais, au contraire, déclarent le roi irresponsable et inviolable, en supposant, dans leur cagotisme aristocratique, « *que le roi ne peut mal faire* » : aussi rejettent-ils d'une manière subtile et raffinée toutes les fautes du roi sur ses conseillers, qui, malgré ces précautions plausibles, trouvent à leur tour le moyen d'éluder leur responsabilité en faisant intervenir, quelle que soit la faiblesse ou la ruse du souverain, l'influence royale sur la haute noblesse, influence toujours exercée au profit de l'aristocratie, et par conséquent au détriment du peuple.

Ainsi la constitution anglaise, malgré toutes les réformes qu'on a pu y introduire, manque encore de garanties pour mettre la nation à l'abri des abus du pouvoir royal et de ceux du gouvernement, garanties qui constituent précisément l'essence de toute constitution, aussi négative qu'elle puisse être. Cette constitution n'est nullement démocratique, quelque apparence qu'elle en ait, puisqu'elle offre autant de moyens d'abus que de moyens de les supprimer, et que la seule garantie même que ces derniers moyens donnent à l'individu pour faire valoir son droit par la responsabilité personnelle de tous les fonctionnaires, n'est que la bricole de l'*habeas corpus* interprété à la lettre et exécuté à la rigueur; de là aussi le respect de la loi et les occasions fréquentes de l'éluder par excès de respect ou de fausse interprétation : car la constitution anglaise n'est d'ailleurs qu'un bâtard social composé des éléments diamétralement opposés de deux fausses aristocraties.

La constitution anglaise est donc composée des priviléges féodaux et des calculs mercantiles, lesquels se contiennent les uns les autres, et par cela même se soutiennent, jusqu'à ce que, par une double pression, ces deux fausses aristocraties en fassent naître une troisième, la vraie aristocratie, celle de l'intelligence; laquelle, formant l'élément principal, fera prévaloir les intérêts populaires. Ainsi, quand le chartisme, souvent, mais en vain, appuyé par des milliers d'hommes, sera soutenu par une masse non moins importante et animée du même respect de la loi, il finira par se faire jour, en transformant la constitution existante en une autre semblable à celle de la Belgique, pour aboutir tôt ou tard à une forme républicaine.

Aussi, malgré son origine germanique, la tendance du peuple anglais à devenir républicain est-elle démontrée par la république américaine, qui n'est autre chose qu'une transformation de l'Angleterre constitutionnelle en une Amérique républicaine.

La constitution des États-Unis d'Amérique, malgré les avantages que toute constitution républicaine a naturellement sur une constitution monarchique, a cependant conservé son caractère tout à la fois mercantile et aristocratique, conséquence naturelle de l'origine et des mœurs de ce peuple : aussi, par là même, malgré le soin qu'elle prend d'éloigner les abus, peuvent-ils néanmoins se renouveler, ce qui serait impossible si la constitution était basée sur l'égalité civile d'une constitution *positive*. Mais l'aristocratie mercantile, prenant le dessus, donnera, par ses abus, occasion à ce que le sénat soit supprimé et, partant, à ce que la république soit transformée en une république purement démocratique; et c'est alors que la constitution des États-Unis, d'abord *négative*, deviendra positive, semblable à celle que la France devra tôt ou tard se donner pour asseoir la république moderne qu'elle vient d'établir, en donnant ainsi au corps social l'esprit qui lui convient, et par là même la vie et la durée.

Mais de même que la constitution américaine est sortie de l'esprit mercantile du peuple anglais, branche élevée du chêne allemand; de même, la constitution de la nation polonaise, noble expression de la nationalité slave, est-elle empreinte du caractère oligarchique d'un peuple avec lequel elle a une grande affinité politique et locale, c'est-à-dire avec le peuple hongrois, descendant énergique de la race asiatique.

Cet esprit oligarchique est donc la cause qu'en Pologne comme en Hongrie, le peuple n'a pu développer ses forces, et c'est lui qui a rendu possible le triple partage et l'anéantissement apparent de cette nation illustre, malgré ses défauts réels, défauts si souvent reprochés à ce peuple patriotique par des peuples qui ne veulent peut-être que s'acquitter de la sorte envers cette nation sacrifiée, de leurs dettes arriérées. Mais une nation qui possède une constitution, et par cela même une racine profonde de l'arbre social, peut bien être coupée, mais ne sera jamais extirpée, témoin le sort de la nation hongroise. Ainsi donc la Pologne, quand même elle ne serait pas nécessaire comme digue indispensable à la liberté européenne, sera rétablie, sinon par le hasard réconciliateur, mais probablement par son alliée naturelle, la Hongrie, dont l'origine est identique, afin de former entre elles une république fédérative, après avoir toutefois transformé la constitution féodale.

Il en sera de même de la Belgique à l'égard de la France, dont la constitution lui a servi de modèle, et avec laquelle existe la même affinité, bien qu'à cette heure elle ne semble pas avoir en vue un changement politique, étant dans ce moment presque la seule nation d'Europe qui, au milieu du bouleversement général, soit restée immobile, et étant en possession de la meilleure constitution monarchique existante.

Aussi les Belges ont-ils, d'un autre côté, avec les Français une affinité semblable à celle qu'ont les Américains avec les Anglais; et si les Belges n'ont pas suivi l'exemple des Français démocratiques et obéi à leur propre sympathie pour une république, c'est qu'ils ont craint, avec le renversement de l'État, le bouleversement du commerce de leur pays, lequel n'est qu'un atelier, comme Paris est la boutique de l'Europe.

Les Belges sont donc d'autant plus satisfaits de ce qu'ils ont, que leur roi n'a ni la force ni la volonté d'enfreindre le pacte, et qu'il ne désire certainement pas se montrer ingrat envers une nation qui l'a toléré sur le trône, sans qu'il y ait d'autres droits que la volonté de cette même nation.

Mais un jour la Belgique aura un autre roi, et peut-être même, avant cette époque, une autre volonté; par conséquent, en dépit de sa constitution presque démocratique, finira-t-elle par en reconnaître l'insuffisance et par adopter la forme purement démocratique, d'autant qu'aucun peuple en Europe ne s'y montre plus apte et plus enclin que celui de la Belgique. Cette période aura lieu aussitôt que la république française, sa voisine, prospérera, et qu'aucune insinuation perfide ne l'empêchera de s'établir effectivement par elle-même et d'adopter une forme de gouvernement, laquelle est la seule propice et honorable pour un peuple mûr et indépendant qui a le sentiment de sa souveraineté.

Les Belges, depuis longtemps favorablement disposés pour la république, prouvent que les peuples ont besoin d'être mûrs pour former une république, toute simple et naturelle que soit cette forme du corps social, et à cause de cette simplicité même, pour la pouvoir facilement et naturellement gouverner, de sorte que chaque individu puisse prendre part au gouvernement; ce qui suppose dès-lors une préparation suffisante des forces individuelles aux qualités du citoyen.

Quant aux autres peuples de l'Europe, ils se sont, comme la Belgique, plus ou moins constitués sous l'influence française, ou le seront tôt ou tard; c'est-à-dire que les peuples parcourront cette première phase politique, qui est la constitution *négative*, pour apprendre à se gouverner eux-mêmes comme peuples émancipés, afin, comme souverain, d'introduire dans la république la constitution *positive*, c'est-à-dire une organisation sociale, où nul ne puisse ni ne veuille abuser des droits de tous.

Ce n'est que lorsque l'Europe sera constitutionnelle, ce qui ne saurait tarder (la résidence empoisonnée de Metternich et le Saint-Siége ayant déjà subi cette métamorphose), que la Russie, ce foyer de l'absolutisme, finira à son tour, quoi qu'on en dise, par adopter le principe constitutionnel; et ce n'est qu'alors que la circulation de la véritable constitution, celle de la république moderne, pourra avoir son cours naturel, cours auquel la France, ce cœur social de l'Europe, a mission de donner l'impulsion.

La France, qui, depuis Louis XIV, au moyen du bon goût et du bon sens, exerce une influence morale et intellectuelle sur l'Europe, grâce à la presse périodique introduite par Richelieu et à la philosophie moderne découverte par Descartes, a, en outre, la mission de servir de phare sous le rapport des institutions sociales et politiques.

La France a donc l'initiative, non-seulement pour les modes et les mœurs, mais aussi pour jeter les bases de la constitution et de la situation européenne. C'est d'elle que part tout mouvement des nations suivant la situation et les mœurs, de même que les organes et les membres du corps humain reçoivent de l'impulsion du cœur leur sang et leur développement; c'est encore le coq gaulois, lequel annonça le crépuscule teint de sang des guerres universelles de religion après le coup d'arquebuse tiré du Louvre par Charles IX, qui, par le coup de fusil parti du ministère des affaires étrangères, annonça l'aurore de la liberté universelle. Aussi dès-lors Némésis, pour punir l'arrogance des dynasties qui se prononçait d'une manière aussi révoltante dans cet enfant couronné, transforme-t-elle la couronne, si petite, dans sa forme primitive, invisible et indivisible, en la souveraineté populaire.

Le peuple français, le fruit le plus mûr des peuples latins, ne renia jamais son origine gauloise; et cette race vigoureuse et indépendante ne fut cependant pas moins imbue des préjugés et de respect pour la royauté, et se soumit également à toutes les tyrannies de toutes les aristocraties possibles jusqu'à ce Louis XIV, dont la cour et l'autonomie donnèrent le *nec plus ultrà* de l'arrogance et de la présomption; époque où le droit de l'homme et la dignité humaine descendirent tellement aux derniers degrés de l'avilissement, qu'une partie du genre humain crut avoir le droit de nommer l'autre, la plus pauvre de l'humanité, « *la canaille.* »

De cette même cour où le sang gaulois, par son mélange grec et arabe, d'où lui était venu son fonds de bon goût et d'esprit chevaleresque, dégénéra de façon à donner racine à tous les défauts successifs, matériels et moraux de l'Etat, découlèrent néanmoins successivement les remèdes et les progrès intellectuels et politiques ; de même qu'il en est pour le marais où croît la plante vénéneuse, et d'où la racine tire également un suc de guérison.

Ce furent avant tout *Fénélon*, qui vécut pur au sein de cette cour corrompue, et *Bossuet*, qui se montrèrent les courageux champions de la liberté intellectuelle; et c'est dans leurs écrits, en opposition naturelle avec leur époque, que se trouvent les germes qui firent naître dans les deux plus grands philosophes sociaux, *Rousseau* et *Voltaire*, les roses et les épines, lesquelles inspirèrent et excitèrent la littérature suivante au bénéfice de la société humaine.

Le cours du fleuve intellectuel, jaillissant de ces sources, se répandit donc sur le globe terrestre, et féconda la froide et sèche littérature pour faire éclore, un siècle après en Angleterre, et deux siècles après en Allemagne, etc., etc., la littérature politique qui avait pénétré en France, même dans les classes les plus infimes du peuple comme intelligence, et fait prendre de profondes racines à l'arbre de science, c'est-à-dire à l'arbre de la liberté qui élève maintenant sur l'Europe les divers rameaux de la véritable aristocratie, celle de l'intelligence, pour écarter tout arbre parasite, à savoir : l'aristocratie de naissance par la république, et l'aristocratie de lucre par le socialisme.

Le peuple français, plus par son bon sens que par son bon goût, l'aristocrate parmi les autres peuples, fit, il y a soixante ans, la première révolution contre l'aristocratie de naissance totalement corrompue, et remplaça, après avoir montré sa volonté, dans la première assemblée nationale, les droits féodaux par les droits de l'homme. Mais comme l'indulgence fut inefficace, il fit, trois années après, une seconde révolution, et punit son faible roi de la peine de mort, et la noblesse, constamment réactionnaire, par le terrorisme; se proclamant souverain par la république et montrant son aristocratie intellectuelle par la constitution basée sur *les droits de l'homme et du citoyen*; tandis que les révolutions en Angleterre (1215), en Hongrie (1222), faites par la noblesse contre le roi, en le conservant, imprimèrent à ces deux constitutions primordiales le caractère aristocratique qui se montre jusqu'à notre époque, où le peuple est encore content d'être émancipé par les nobles. Le peuple français, au contraire, a émancipé les nobles en les obligeant à devenir, de gentilshommes oisifs qu'ils étaient, des citoyens actifs; en un mot, il a aboli les titres pour toujours.

Par l'abolition de la fausse aristocratie, procédant ainsi à l'extirpation générale de la féodalité jusque dans sa racine, la France a fait pénitence de la fausse gloire après laquelle nulle nation n'aspira autant que le peuple français.

Le grand mignon de la république, Napoléon, devenu depuis ingrat envers sa mère, habitua la nation française à la gloire, et fut précipité de la hauteur vertigieuse de la domination universelle à laquelle le nouveau César avait aspiré ; tandis que, de leur côté, les Français, ces Romains modernes, habitués à un empereur et à la gloire qui l'entourait, en dépit de leur nature républicaine depuis peu éclose, se laissèrent imposer un roi et sa dynastie. Mais les rois, en raison de leur position contre nature, ne surent point tirer parti de l'expérience d'autrui : aussi la nation prit-elle, pour la troisième fois, son cours révolutionaire sans y apprendre autre chose qu'à chasser le roi et à oublier l'aristocratie.

Donc, malgré son goût aristocratique, la nation française désira de nouveau la république ; car sa nature l'y poussait par le mélange du sang des Romains, des Romains qui conservèrent dans toutes les circonstances leur caractère républicain empreint de celui de *Brutus*, le plus pur des républicains. Mais le terrorisme, plus que le penchant pour la royauté, détourna la France de la république pure, parce qu'elle croyait les maux non pas tant dans la royauté que dans la branche des Bourbons, et les Français libres entèrent une autre branche sur l'arbre de la liberté, c'est-à-dire élevèrent les d'Orléans sur le trône, se flattant de l'espoir, avec une constitution démocratique, de former une monarchie républicaine.

Cependant le roi des Français, comme tous les rois, ne songeant qu'à la continuation de sa dynastie, et cela d'autant plus qu'il en était le fondateur, s'abaissa à devenir *l'attaché* d'un ministre stupide et astucieux qui de Vienne domina l'Europe sans aucune autre force morale que celle de savoir stupéfier tous les esprits et dépraver tous les sentiments par son système de corruption pullulant encore dans les cœurs de cette génération dégénérée. Tel fut l'anti-Napoléon que le roi des Français crut devoir combler de cajoleries pour le rendre propice à la conservation de sa dynastie, résultat néanmoins qu'il lui eût été plus facile et plus sûr d'obtenir de la sympathie démocratique des Français, si, dans sa maladie dynastique, il n'avait pas complétement méconnu ce peuple digne d'admiration en cherchant, lui aussi, vainement à le dépraver parce qu'il en avait corrompu l'élite ; bien plus sûr à obtenir s'il avait seulement scrupuleusement observé la constitution, au lieu de la tourner avec une astuce sans égale.

Ainsi, à l'heure qu'il est, les Français ont parcouru toutes les phases des formes gouvernementales, depuis l'ochlocratie, ou le règne de la populace terroriste, jusqu'à l'autocratie, ou le règne d'un despote ingénieux; et en descendant jusqu'au bâtard d'une monarchie démocratique, et puis se redressant dans leur force et leur indépendance, ils ont renversé, comme d'un coup de baguette magique, une monarchie que l'on croyait si solidement établie, afin de reconstituer — non pas tant par une propension naturelle que parce qu'il n'y avait pas d'autre chose à faire — *la république*.

Une république pure fut donc la première idée qui surgit de la pensée de toute la nation poussée à l'extrémité; de sorte que les citoyens, riches ou pauvres, dans le premier moment d'ivresse de la victoire, pour prévenir le terrorisme, furent tous inspirés par le souffle du saint esprit de la fraternité; et cette fraternité fut l'ange gardien qui préserva la nouvelle république des bouleversements intérieurs, suites d'exactions et de corruptions des deux siècles précédents, et que l'on aperçoit maintenant comme des plaies ouvertes dont la guérison se fera peut-être encore attendre longtemps; car la dernière révolution n'est pas précisément un renversement, mais bien une conversion totale des choses, où la pyramide de l'État, dressée par la royauté sur sa pointe, vient d'être renversée sur sa large base. Rien d'étonnant dès lors que le désordre soit à son comble et qu'il y ait stagnation dans les affaires.

Mais malgré la stagnation des affaires et les autres inconvénients, sans exemple dans l'histoire, et bien qu'ils aient été amenés cette fois-ci non-seulement par l'aristocratie de naissance, mais encore par la réaction et par les empêchements de l'aristocratie des finances, qui se trouve par le fait la plus menacée, la République se sauvera et se réglera de plus en plus, gouvernée par le bon sens du peuple que le charme de la fraternité a électrisé suffisamment pour ne pas succomber aux intrigues ni même aux périls d'une guerre civile.

La fraternité est le saint esprit qui anime l'homme pour

le rendre un vrai citoyen et qui anime le citoyen pour en faire vraiment un homme.

La fraternité est, dans le corps social, l'âme céleste qui inspire tous les citoyens et élève le peuple uni au souverain.

La fraternité est le sceptre puissant avec lequel le peuple souverain règne sur lui-même.

Et la fraternité est le lien magique de l'humanité qui, malgré les souverains faux et arrogants, qui ne tendent qu'à séparer les peuples, rattachera fraternellement les unes aux autres les souverainetés de tous les peuples par leur solidarité universelle et les rapproche déjà toutes ; de telle sorte que si l'esprit humain le plus pur, celui qui a prêché le premier l'amour du prochain et qui est mort pour ce principe, regardait du haut du ciel, il serait étonné que l'esprit de l'humanité ait déjà pris une si grande extension parmi les faibles hommes.

La république, le véritable empire du Christ, a subi les plus rudes épreuves et a prouvé qu'elle est le seul véritable état où l'homme puisse exister sans renoncer à sa dignité ni sacrifier ses droits. La république est donc fondée en France. Mais afin qu'elle soit inébranlable et pour qu'elle soit un exemple digne d'être imitée par tous les autres peuples, il faut que le cœur de cet organisme républicain se manifeste par une constitution dont l'âme soit la fraternité.

Or, de même que la loi a été la première constitution *négative,* et la religion la première constitution *positive*, toutes les deux introduites par l'esprit de l'humanité, de même les constitutions suivantes négatives ne furent que des lois du peuple, interprétées par les gouvernements en leur propre faveur. De là, concluons qu'une constitution *positive* républicaine est encore à faire, constitution répondant à la religion; et de même que l'Évangile est la constitution positive des hommes, cette constitution politique positive doit être un évangile des citoyens évitant tous les abus du gouvernement, lequel doit se composer plus ou moins de tous les citoyens, et rendre dès lors l'existence ou du moins les excès de ses abus même impossibles.

Puisqu'une république parfaite comme la république française d'aujourd'hui, quoi qu'on en dise, a la perspective de le devenir, est un État composé de citoyens *libres*, qui possèdent une part *égale* de la souveraineté du peuple, et qui conséquemment forment le gouvernement par des conditions mutuelles; ainsi une constitution *positive*, qui n'est possible que dans une république, parce que de vrais citoyens ne se trouvent que dans une république, doit être aussi une institution complète qui réunisse en elle le but de toutes les institutions précédentes, c'est-à-dire celle de la loi, de la religion et de la constitution, qui prévienne ou qui étouffe les abus des hommes et des citoyens, autrement dit les abus de la société et du gouvernement.

Le peuple français ayant manifesté sa volonté souveraine par la première assemblée nationale, avant la grande révotion et après le serment du Jeu de paume, a déjà posé la base d'une constitution positive sur les débris des droits féodaux par l'introduction des droits de l'homme; et a, depuis, combattu le nouveau mélange du principe féodal, dans les diverses chartes, assez pour développer finalement le germe primitif d'une vraie constitution civile; il a de plus extirpé pour toujours le principe dynastique jusque dans sa racine, en le poursuivant dans la Chambre des pairs, tandis que la république de l'Amérique du nord elle-même contient une aristocratie des députés dans la personne de ses sénateurs, et la libre constitution norvégienne, dans l'aristocratie des paysans.

C'est donc la mission du peuple français que de développer ce germe originel d'une constitution *positive*, pour en donner le modèle à tous les autres peuples : aussi avons-nous vu qu'une telle constitution identique avec la vraie république est possible, et nous engageons-nous encore à démontrer qu'une constitution de la république peut être aussi naturelle et aussi durable que la constitution du monde, parce que nous en dessinons les principaux traits d'après nature.

Mais la constitution du monde, cette harmonie des mondes finis dans l'univers infini, nous conduirait trop loin et pourrait donner à nos démonstrations une apparence d'hypothèses, lorsqu'au contraire, ici, il ne s'agit que de quelque chose de *positif*, d'une constitution *positive*: aussi nous contenterons-nous de la montrer dans la miniature de la constitution du monde, laquelle est la constitution de l'homme, et la république apparaîtra comme une transition du macrocosme au microcosme, c'est-à-dire le passage de la vie individuelle à la vie universelle.

La constitution du corps humain, de même que la constitution du monde, repose sur une organisation dont la base est la *solidarité* des parties détachées, et le but est l'accord de leurs fonctions, afin de produire, comme dans l'univers, l'harmonie, la santé, dans le petit monde; or, cette harmonie dans la république, cette santé du corps social, est l'*ordre* qui ressort de l'accord des fonctions publiques et qui est fondé sur la *solidarité des citoyens.*

La constitution d'un corps politique doit donc être organisée comme l'organisation du corps humain est constituée, et par conséquent se composer des articles, c'est-à-dire des lois organiques dont dépendent l'accord des fonctions et la solidarité des fonctionnaires.

Les deux fonctions essentielles de l'organisme humain sont la sensation et le mouvement. La première a pour conducteurs les nerfs avec le cerveau au sommet, et le dernier a pour conduits les vaisseaux avec le cœur au centre : ainsi le cœur, qui reçoit le sang pour le rendre, mêlé de sucs nutritifs, à toutes les parties, représente l'Assemblée constituante, qui forme le centre des élections et qui prépare toutes les opérations ultérieures; mais le cerveau, qui reçoit toutes les impressions afin d'ordonner les opérations, est le gouvernement exécutif, qui forme le chef de l'administration générale.

Le chef de l'administration, le gouvernement, a été envisagé jusqu'à présent d'une manière plus restreinte.

La société humaine, mûrie par le temps et éprouvée par les abus, n'accorde plus, à la vérité, au gouvernement un pouvoir absolu; au contraire, elle trouve nécessaire un point central pour établir les rapports, mais elle le divise à son préjudice en deux chambres opposées, de même qu'elle concentra par malheur le gouvernement sous un chef, croyant qu'il fallait une tête au corps social comme au corps humain.

Le gouvernement est la tête du corps social, cela est incontestable; mais cette tête d'une société avancée ne saurait être aussi peu représentée par un seul individu, que la tête en général ne forme qu'un seul organe.

La tête n'est que le réservoir de divers organes dont chacun coopère par une fonction indépendante à l'opération générale; et ces organes contiennent les trois facultés principales, de même que les cinq sens.

Les facultés supérieures sont ces trois facultés de l'âme: l'entendement, le jugement et l'imagination, qui sont bien actives par elles-mêmes, mais dont deux seules constituent une idée, et les trois ensemble la volonté qui exécute une action. Or, à ces trois facultés doivent aussi correspondre trois consuls, dont le consul externe et le consul président dirigent les affaires extérieures, et le consul interne et le consul président celles de l'intérieur; mais tous les trois représentent la volonté du peuple et doivent ainsi agir en commun lorsqu'une action importante suppose la volonté nationale.

De même que les trois facultés sont assistées de cinq sens, ainsi les consuls le sont aussi des ministres. Mais comme le cinquième sens se divise dans le sens du toucher en extérieur et intérieur, ces deux organes généraux doivent avoir comme correspondants deux tribuns, à savoir: celui de la paix et de la guerre, dont les opérations sont également périphériques.

Le gouvernement se compose donc de neuf membres, à

savoir : de trois consuls, de quatre ministres et de deux tribuns.

Ces quelques lignes préliminaires, pour ne pas outrepasser les convenances du moment, suffiront, j'espère, à chaque citoyen français pour l'aider, selon sa connaissance du corps humain, à mettre chaque article de la constitution qui suit, en harmonie avec l'organisation de l'homme, laquelle, ainsi que la fraternité, comme âme de la République, servira de guide pour organiser une constitution *positive*, constitution dont l'exécution est non-seulement possible, mais aussi facile que simple, et que l'Assemblée nationale adoptera, selon nous, tôt ou tard, comme le seul moyen infaillible de garantir le peuple contre l'égoïsme de ses gouvernants, et de consolider de cette manière la république pour toujours.

CONCLUSIONS.

Il faut que la société humaine arrive enfin au but de ses luttes politiques, à la consolidation de sa véritable forme, afin de commencer alors, par des progrès sociaux, à avancer vers son perfectionnement, qui n'est ni dans l'individualisme ou l'esprit malin de la monarchie, ni dans le communisme ou l'esprit subtil de l'anarchie, mais bien dans tous deux ensemble, c'est-à-dire dans le *civisme* ou l'esprit céleste de la république. Les socialistes, qui en ont un pressentiment obscur et en font une leçon à part, quasi de spécialité, regardent et composent le *civisme* de différents points de vue, mais toujours sous un seul aspect ; de là cette vérité dégénérée, que le *socialisme* n'est que le civisme exagéré, de même que l'égoïsme n'est qu'un individualisme encore plus dégénéré... Le socialisme semble néanmoins être destiné à contrebalancer l'égoïsme par des luttes continuelles, jusqu'à ce que tous deux, le socialisme et l'égoïsme, se soient absorbés, l'un l'autre, à l'effet de se transformer en civisme ; c'est alors où sera, selon nous, le temps favorable à cette constitution suivante. Toutefois, quelle que soit la constitution d'un peuple, les gouvernés et les gouvernants ne doivent jamais oublier que si trop souvent pour conquérir la liberté il arrive que l'on foule sous les pieds les principes les plus sacrés, base de toute autorité, le devoir de tous les bons citoyens est de commencer par rétablir cette même autorité en faisant respecter ces mêmes principes, sans lesquels il n'est ni de liberté ni de société, et par conséquent de république, qui n'est qu'une société libre.

LA CONSTITUTION

DU

MONDE RÉPUBLICAIN.

La constitution de la République est complète lorsque toutes ses lois organiques sont empreintes de l'esprit de la fraternité qui fait l'union des citoyens, lorsqu'elles sont basées sur la solidarité qui fait la division du pouvoir, afin que la liberté soit opposée, par l'ordre, à tout arbitraire, et que l'égalité soit conservée, par la justice, contre toute faveur.

ARTICLE PREMIER.

1° Le peuple est souverain pour élire ses représentants.

2° Les représentants du peuple forment le gouvernement législatif.

3° Le gouvernement législatif fait, parmi ses membres, l'élection des membres du gouvernement exécutif.

4° Le gouvernement exécutif représente et maintient le pouvoir souverain.

5° Le pouvoir souverain rend les membres du gouvernement inviolables, et responsables cependant vis-à-vis du peuple par ses représentants à l'Assemblée nationale.

ART. 2.

1° L'Assemblée nationale est le siége de la souveraineté du peuple, composée de neuf cents représentants, dont la majorité décrète au nom de la majesté du peuple.

2° La majesté du peuple rend inviolables, et néanmoins responsables de leurs déterminations, ses représentants plénipotentiaires.

3° La première détermination des représentants du peuple, après s'être, comme cœur de la nation, assemblés le 1er mai, dans le centre du pays, est d'élire parmi ses membres arrivés à Paris, un président, un juge et un questeur, pour faire surveiller, dans le palais du peuple, l'ordre, la justice et assurer la sécurité.

4° Le juge, assisté du jury de l'Assemblée nationale, est obligé de veiller à ce que les convenances de la séance soient gardées et d'examiner les excès dont quelques membres se seraient rendus coupables, soit durant la séance, soit en dehors de l'Assemblée nationale.

5° Le questeur, assisté de la force publique, doit être tenu de prendre toutes les mesures nécessaires pour sauvegarder les délibérations.

Art. 3.

1° Les délibérations commencent après que le président a pris possession de son siége, en invitant les membres du gouvernement à rendre compte au peuple de leurs actes, par l'organe de ses représentants; de plus, il aura soin que leurs discours ne soient interrompus par aucune protestation.

2° Après la fin d'une justification, chaque représentant, dans l'ordre où il a réclamé la parole, pourra manifester une opinion contraire; mais cette manifestation, comme tout autre discours, devra avoir lieu du haut de la tribune, librement et sans égard aucun, et ne pourra être interrompue par le président avant neuf minutes écoulées, mais en tout temps par la majorité des représentants.

3° La majorité se fait connaître par le vote, l'affirmative en se levant, et la négative en restant assis, et dans les cas plus importants, par le scrutin.

4° Après le compte rendu, les membres du gouvernement

qui auront été élus représentants seront invités à prendre part aux délibérations ainsi qu'au vote dans le sein de l'Assemblée, jusqu'à ce qu'une délibération ultérieure ait été prise à leur égard.

5° L'Assemblée nationale remet provisoirement le pouvoir exécutif aux membres du gouvernement, jusqu'à une nouvelle élection à la fin de la session, ou bien elle peut à cet effet élire un ou plusieurs remplaçants pendant la durée des délibérations de la session.

ART. 4.

1° Les discours préparatoires du gouvernement législatif embrassent toutes les améliorations et protections des intérêts publics, dont les travaux ultérieurs, après avoir été préalablement discutés dans les bureaux, puis publiquement en délibération dans les séances, seront renvoyés respectivement à un comité de neuf membres de l'Assemblée.

2° Tout d'abord se présentent les traités politiques et commerciaux avec l'étranger, quant à ce qui regarde leur conclusion, leur maintien et leur rupture;

3° L'organisation du travail et les progrès de l'industrie;

4° Les déterminations des impôts et le budget;

5° Les décisions relatives aux récompenses et peines civiles, soit pour confirmer les anciennes ou pour l'introduction des nouvelles devenues nécessaires, mais dont la sanction ne pourra être donnée qu'à la prochaine grande session de l'Assemblée constituante.

ART. 5.

1° L'Assemblée constituante aura lieu tous les trois ans, en présence de neuf cents représentants du peuple, et aura à se prononcer sur les trois questions, savoir: l'examen des résultats généraux des gouvernants, les préparatifs des travaux gouvernementaux, et l'élection du gouvernement exécutif.

2° L'Assemblée préparatoire, composée de six cents représentants que le sort aura désignés, aura lieu une année avant la nouvelle Assemblée constituante; elle proposera, pour l'Assemblée principale, les deux premières questions et prendra quelques mesures nécessaires.

3° L'Assemblée examinatrice a lieu par les trois cents autres représentants du peuple, une année après l'Assemblée constituante pour l'examen de la première question, et afin de donner les autorisations nécessaires.

4° L'Assemblée provisoire pourra se former chaque jour dans la ville centrale du milieu des représentants du peuple avec ou sans les membres du gouvernement exécutif, après l'appel du tribun de paix appuyé de neuf représentants résidant à Paris, appel à tous les représentants qui aura lieu en même temps, et auquel devront obéir au moins quatre-vingt-dix représentants demeurant le plus près; et lorsque ceux-ci se déclareront permanents, les autres représentants qui appartiendront à cette période devront s'y rendre également, ce qui formera alors la plus prochaine Assemblée.

5° L'Assemblée d'urgence pourra être formée par neuf représentants des divers départements, en appuyant des motifs qui la rendent pour le moment nécessaire au salut de la république, leur appel au tribun de paix; mais immédiatement après que l'appel général par le tribun de paix aura été fait, ils devront se rendre à l'Assemblée dans la ville centrale.

ART. 6.

1° Chaque représentant du peuple, choisi par ses concitoyens à cause de sa capacité, et plus encore à cause de son opinion républicaine, pour la mission élevée qu'il a acceptée de maintenir la souveraineté du peuple et de représenter ses intérêts, s'engage à paraître à l'Assemblée à l'époque fixe s'il ne veut perdre l'éligibilité au premier ou au second degré, c'est-à-dire pour neuf ans ou pour jamais.

2° Chaque représentant reçoit, à compter du jour de son départ jusqu'à la prorogation de la session, un traitement de vingt-cinq francs par jour, et dans tous les cas nécessaires, la protection et l'appui des autorités tout le long de la route.

3° Ce n'est que dans le cas de maladie qu'un représentant pourra être dispensé par le tribun de paix de paraître, et alors il sera remplacé par celui qui lui succède sur la liste départementale, pendant le cours de la session; pourtant, il pourra recevoir, par le président, un congé de plusieurs jours, mais sa démission ne pourra être obtenue que par l'Assemblée entière, où il ne devra rentrer qu'après être réélu pour une Assemblée nouvelle.

4° Tout représentant est inviolable et doit seconder les délibérations selon sa meilleure conviction, franchement et sans considération aucune, à moins que l'existence de la république n'en soit évidemment attaquée, ce qui serait un suicide civique, et dans lequel cas, presque impossible et pour ainsi dire contre nature, il sera suspendu par le juge comme aliéné ou, comme cela a lieu dans tout autre cas criminel, il subira le jugement du jury de l'Assemblée.

5° Tout représentant, pendant toute la durée de son mandat, ainsi même que hors de la période de session, doit suivre les actes du gouvernement exécutif portés à la connaissance publique et qui lui auront été communiqués par le tribun de paix, afin d'en rendre compte à la prochaine Assemblée électorale de son département de même que de sa mission; de plus, après l'élection d'un autre représentant, il aura à communiquer à celui-ci ses expériences et ses vues.

Art. 7.

1° L'Assemblée électorale a lieu tous les trois ans pendant la fête de Pâques et au chef-lieu de la commune, sous la présidence du maire assisté du représentant sortant, et du commissaire du tribun de paix ou d'un remplaçant choisi par lui dans le sein du conseil municipal. Après l'élection du député aura lieu celle du maire et des autres magistrats avec l'assistance du nouveau député.

2° Tout Français âgé de vingt ans, satisfaisant à ses obligations civiques, est électeur, et doit déposer la veille à la mairie, en échange d'un bulletin imprimé, les papiers nécessaires qui lui seront rendus à l'expiration des opérations électorales contre la moitié dudit bulletin.

3° L'autre moitié du bulletin sert à écrire le nom du nouveau député et du maire à élire, ce qui peut être aussi fait, à la place de l'électeur, par l'ancien député assistant ou par un témoin du tribunal. Cette moitié est jetée dans l'urne par l'électeur appelant à haute voix les deux noms, afin de les faire contrôler en même temps.

4° Toute tentative de violence ou de fraude pour fausser l'élection est une violation de la majesté du peuple, et sera punie d'une suspension du droit d'élection pendant neuf ans ou de la perte perpétuelle de ce droit civique. Cette peine est surtout portée contre la corruption, et le dénonciateur de ce crime touchera, comme récompense, des mains du maire, le double de la somme déposée.

5° Ne pourra être élu député, ou maire, ou élevé à toute autre fonction de la commune que ceux qui sont nés dans le département ou qui y ont élu domicile pendant trois ans au moins, et qui n'ont été accusés d'aucun crime. Au cas où le député, maire ou fonctionnaire élu ne seraient pas encore citoyens français, ils le deviennent par cette même élection du peuple, ce que l'Assemblée nationale aura à confirmer.

Art. 8.

1° Outre ceux des étrangers jugés dignes par l'élection du peuple, tout autre qui a bien mérité de l'humanité en général ou de la république en particulier, acquiert, s'il le réclame, le droit de citoyen français, et pareillement tout étranger qui, établi en France pendant trois années consécutives, aura fait preuve de civisme, c'est-à-dire en travaillant et en vivant d'une manière irréprochable, comme celui qui est né en France, s'il a vingt années révolues, après s'être fait inscrire pour les contributions directes et les fonctions publiques, peut exercer le droit du citoyen, c'es-à-dire élire et être élu à toutes les fonctions.

2° Le droit du citoyen consiste encore dans le droit naturel de l'homme, qui est la liberté d'exercer ses facultés, limitée seulement par le maintien de l'ordre public, et de faire valoir ses capacités à son profit et à l'avantage de ses concitoyens, mais sans qu'il puisse prétendre à une faveur spéciale comme récompense de ses efforts ou de son invention, attendu que cela porterait préjudice à ses semblables, et que les inventions les plus bienfaisantes même sont parvenues à la connaissance du public sans autre récompense que celle de la conscience d'avoir rendu service à la société, devoir sacré du citoyen.

3° Tout citoyen a, par conséquent, le droit de communiquer ses connaissances à ses concitoyens, si elles ne blessent pas absolument la morale publique et privée. Aussi l'instruction sera libre dans toutes les choses qui ne portent pas préjudice à la vie civile ; de là l'association libre pour enrichir de ses pensées et se consulter au besoin, sans cependant se munir d'armes, ce qui donnerait à la pensée le caractère d'une action suspecte ; et de là aussi la liberté de manifester toute pensée par la plume et le pinceau, ainsi que par la presse et la gravure et d'autres moyens de l'art, pour instruire et amuser tout le monde sans blesser évidemment la morale publique ou l'honneur d'un homme quelconque.

4° Tout citoyen a donc le droit de porter ses plaintes en justice ou en public lorsque son honneur et son droit ou celui du prochain ont été blessés d'une manière ou d'une autre, soit de la part d'un magistrat ou de celle d'un simple citoyen.

5° Le domicile, de même que toute autre propriété du citoyen, est sacré comme parcelle de la république appartenant au citoyen, et dont la jouissance n'appartient conséquemment qu'à lui ; et même le gouvernement, à l'exception d'un flagrant délit, ne pourra en disposer sans son consentement préalable.

Art. 9.

1° Tout citoyen a donc *le devoir* de veiller à la propriété et à la sûreté de chaque citoyen en particulier et de la société en général, comme pour son propre bien, et de coopérer ainsi à l'ordre par son service de la garde; à la justice, par ses fonctions de juré; au gouvernement, comme électeur; et à l'administration, en qualité de contribuable; car, sans tout cela, il ne serait dans le droit public qu'un intrus qui, comme parasite, pourrait devenir une charge et un danger pour la république.

2° Comme garde national ou civique, il doit non-seulement maintenir l'ordre public contre les troubles des citoyens, mais, en outre, protéger la liberté des citoyens contre les abus des magistrats; la maladie seule peut le dispenser, lorsque c'est son tour, de l'accomplissement de ce service républicain.

3° Faisant les fonctions de juré, il doit défendre la justice en faveur de l'accusé, qui reste son concitoyen aussi longtemps que la condamnation ne lui fait pas perdre le droit de citoyen, et en même temps examiner avec conscience, de crainte de violer le droit des autres citoyens; car tout crime est une attaque contre les droits de tous les citoyens, dont il est le conciliateur; il doit donc, à cette fin, consulter le droit rationnel ainsi que le droit positif, et, dans certains cas obscurs, manifester plutôt ses doutes que de commettre une injustice par un jugement rigoureux à l'égard de son concitoyen, ou, par un jugement trop indulgent, par rapport aux droits des autres citoyens.

4° En qualité d'électeur, il doit s'enquérir scrupuleusement de toutes les délibérations du gouvernement législatif et de toutes les actions du gouvernement exécutif, attendu qu'elles sont portées à la connaissance du public, afin qu'il puisse exprimer de cette manière son blâme ou donner son avis, et les faire connaître dans la nouvelle Assemblée législative; car, en formant une partie du gouvernement électif, il donne naissance au gouvernement législatif, qui fait agir le gouvernement exécutif, et qu'en général, dans une république, tout le monde gouverne, et nul ne règne hormis la souveraineté du peuple.

5° Comme contribuable, il doit acquitter consciencieusement sa part des charges de l'administration, cela étant indispensable pour la conservation de la grande famille dont il fait partie, et par conséquent dans l'intérêt de sa propre sûreté; c'est pourquoi il doit avoir connaissance de l'emploi des fonds publics. Outre cette contribution directe aux charges de la république, chaque citoyen est encore tenu indirectement, s'il n'est pas travailleur lui-même, d'occuper un ou plusieurs ouvriers ou travailleurs, qui, formant la base de la société, ne doivent pas être à la charge d'une république.

Art. 10.

1° Les travailleurs formant la base et non la lie de la société dans un état parfait, comme celui de la république, où tout le monde doit travailler, afin que tout le monde puisse jouir, n'ont que peu de chance de jouir, bien moins encore de parvenir à quelque aisance, attendu qu'au profit de la société ils sont destinés par le sort social aux travaux pénibles, afin de gagner leur pain quotidien tout en accomplissant les devoirs du citoyen : aussi est-ce pour ce motif qu'ils doivent jouir, et cela en vertu du droit d'égalité, de quelques avantages particuliers que la société, à titre de justice commune, doit accorder à cette aristocratie du travail en compensation de celle de la possession.

2° Ainsi le travailleur ou l'ouvrier, qui, comme citoyen, paie l'impôt d'honneur, d'un centime par jour, et se rend en cas d'un appel d'urgence à la mairie pour se munir d'armes afin de protéger l'ordre, a tous les droits, lorsque la maladie, l'âge avancé ou une blessure le rend inapte au travail, à être soigné et à toucher la solde journalière générale, de même que deux livres de pain de la part de l'État, solde qui se transmet à sa veuve et aux orphelins, lesquels orphelins sont élevés et employés par la république.

3° La solde journalière générale est un franc et demi et deux livres de pain ou la valeur. La journée de travail ne comporte que dix heures, à savoir de sept heures du matin jusqu'à sept heures du soir, y compris deux heures de récréations, de midi à deux heures, que l'ouvrier, de même que toute autre heure de la journée, peut employer, selon la convention faite avec le patron, au moins à 25 cent. par heure. Cette solde journalière générale sera toutefois augmentée par la supputation du tribun de paix d'après les localités, surtout en temps de disette.

4° Les ouvriers qui ne peuvent pas trouver de travail, afin d'éviter toute gêne qui ne pourrait que devenir fort dangereuse pour la tranquillité publique, doivent se faire inscrire au bureau de l'atelier national, où ils recevront immédiatement la solde d'un franc et demi et deux livres de pain par jour, en s'engageant à travailler huit heures seulement, afin qu'il leur reste du temps pour chercher une occupation où ils ne seront pas livrés à l'exploitation.

5° Comme le fruit du travail du pauvre ouvrier suffit à peine à sa subsistance, et ne contribue presque jamais à sa jouissance, jouissance qui cependant devra être le but du travail et de toute existence, et que par conséquent il pourrait avoir recours à des moyens pernicieux pour y suppléer, la société s'oblige à lui préparer des jours de jouissances, soit pour son divertissement, soit pour son instruction. A cet effet, le gouvernement établira au profit des travailleurs, trois fois par an, des fêtes générales, à savoir : le 14 juin, comme jour de la première manifestation de la volonté du peuple français; le 27 septembre, jour de la première déclaration de la république en France, et le 24 février, jour de la victoire de la souveraineté du peuple; de plus, le premier de chaque mois, une représentation gratis aux théâtres nationaux et particuliers. Ces derniers n'auront pour tout impôt à payer à l'Etat que cette représentation gratis. En outre, le gouvernement fera distribuer une feuille publique, sans rétribution, deux fois par semaine à tous les ouvriers. Ces feuilles donneront les actes du gouvernement et contiendront des articles relatifs aux intérêts des travailleurs.

Art. 11.

1° Tous les travailleurs, soit ceux qui se servent de la force physique, les ouvriers, ou ceux qui emploient leurs facultés intellectuelles, les artistes, doivent être particulièrement favorisés par le *gouvernement*, étant l'aristocratie du travail et l'aristocratie du talent, et par cela même destinés à servir, presque sans cesse, d'appuis et d'instituteurs à leurs concitoyens. Ils doivent de la sorte jouir de la protection spéciale du consul-président, qui donnera audience un jour de la semaine à leurs délégués, et en cas d'urgence tous les jours, à chaque ouvrier ou artiste, par l'entremise de son chancelier, qui nécessairement les devra recevoir et les présenter au consul-président.

2° Le chancelier, comme tous les autres secrétaires des consuls et des ministres, est nommé par le tribun de paix, auquel ils remettent tous les rapports importants, même ceux qui sont publiés par la presse. Cependant le consul-président a le droit de destituer, pour cause d'incapacité ou de manque de devoir, outre les sept secrétaires et tous les commissaires nommés par les deux tribuns, tout autre employé de l'État nommé par un consul ou ministre respectif : toutefois cette destitution doit être contre-signée par un des tribuns. Autrement tout fonctionnaire qui n'est pas élu par le peuple ou par ses représentants, conserve sa place sa vie durant, et ses pétitions et réclamations seront adressées au tribun de paix.

3° Le consul-président ne reçoit que les étrangers qui lui sont présentés par le tribun respectif, et seulement les lettres de l'étranger que lui a présentées le chancelier.

4° Le consul-président représentant le chef du gouvernement, par conséquent le pouvoir décisif, doit veiller à la prospérité, à la tranquillité intérieure et à la consolidation, et à la paix extérieure de la république, but qu'il doit atteindre à tout prix sans blesser la dignité de la république. Ainsi il a le droit de déclarer la guerre, en faisant contre-signer la déclaration par le tribun de guerre, de même qu'en faisant apposer la contre-signature du tribun de paix, lorsqu'il s'agit de la conclusion de la paix ; et lorsque ceux-ci s'y refusent, en faisant présenter sa résolution au grand conseil.

5° Aussi le consul-président doit-il régulièrement présider une fois chaque semaine le grand conseil, composé de sept membres du gouvernement exécutif et des secrétaires, de même qu'une fois le petit conseil, formé des trois consuls et du chancelier. Dans les cas extraordinaires, il prendra également la présidence, appuyant dans les affaires étrangères le consul-directeur, et de son avis, lorsqu'il s'agit des affaires intérieures, le consul-gouverneur ; dès lors il contre-signera leurs résolutions, à moins que celles-ci ne soient contre les intérêts de la république, auquel cas contesté, toute résolution doit être référée à la délibération et responsabilité du grand conseil.

Art. 12.

1° Le consul-directeur et le consul-gouverneur forment les deux bras du gouvernement exécutif, et par conséquent le pouvoir distributif. Le consul-directeur doit envoyer un sous-consul à tous les gouvernements amis, accompagné d'un envoyé du tribun de paix en qualité d'attaché, à l'effet de diriger à l'étranger les relations politiques et commerciales, et comme le peuple français est le frère de tous les peuples civilisés, afin d'intervenir dans les conflits internationaux entre les divers gouvernements, sans cependant se mêler dans leurs administrations intérieures, ni tolérer une pareille intervention dans les affaires intérieures de la République.

2° Le consul-directeur doit donc aussi protéger le salut des citoyens français à l'étranger, lorsqu'ils ont pris congé seulement pour trois années, et acquittent pendant ce temps la contribution directe de citoyen respective, et contribuent, en payant un droit, au service de la garde nationale. Un séjour plus prolongé à l'étranger doit être obtenu du sous-consul respectif, en demandant l'autorisation sous les mêmes conditions. Mais cette autorisation ne peut être donnée que deux fois : ainsi le séjour permanent à l'étranger d'un citoyen français ne pourra dépasser neuf années, sans s'exposer par cette absence à perdre pour lui et pour sa famille qui se trouve avec lui, le droit de citoyen français.

3° Le consul-directeur doit permettre à tous les citoyens français de visiter les pays lointains au profit de leur instruction, de même qu'à servir de leurs facultés les peuples étrangers, les particuliers comme les gouvernements, et d'en recevoir une rémunération, mais non pas une décoration ou un titre quelconque, attendu que dans ces derniers cas il porterait préjudice à son titre de citoyen français et en perdrait les droits.

4° De son côté, le consul-directeur récompensera les services rendus à la république par un citoyen étranger, artiste ou savant, de la même manière que s'il s'agissait d'un citoyen français ; et si cet étranger désirait s'établir au milieu de la république française, on lui accordera le droit de citoyen. Il en sera ainsi quant à la protection à accorder à tout réfugié politique, à moins qu'il ne soit un criminel d'autre sorte ou un prince chassé par le peuple.

5° Le consul-directeur est enfin tenu de surveiller également dans les colonies le maintien de la constitution, qui reste toujours la même pour chaque localité et à chaque époque, mais en l'appliquant par des lois spéciales rendues nécessaires et conformes aux circonstances et au moment ; et selon certaines exigences exceptionnelles, l'exercice du pouvoir est confié aux fonctionnaires supérieurs des colonies, qui, nommés par le consul-directeur, sont assistés par des employés du tribun de paix. Les gouverneurs des colonies cependant ne sauraient être nommés par le consul-directeur qu'avec la contre-signature du consul-gouverneur.

Art. 13.

1° Le consul-gouverneur, assisté du tribun de paix, est chargé de la direction supérieure de la sûreté intérieure, par conséquent de gouverner l'ordre général, qui ne peut ressortir que de l'action solidaire des deux rouages, c'est-à-dire de la liberté de chaque citoyen d'exercer son droit, et de l'égalité de tous les citoyens à accomplir leur devoir.

2° Le consul-gouverneur devra donc veiller à ce que tout

citoyen travaille pour les autres et puisse jouir lui-même des fruits de son travail ; et comme le riche oisif qui ne fait que jouir, tandis que le pauvre travailleur ne peut jouir de rien, pourrait dégénérer moralement et porter dès lors préjudice à la société, il faut que le premier paye le double de la contribution directe, et même au delà en proportion de sa fortune, afin que celui-ci, qui est moins favorisé, puisse toucher un secours particulier et jouir des amusements publics.

3° De même que tous les actes du consul-gouverneur sont publiés, afin que tout citoyen puisse y prendre part et s'instruire, de même il doit veiller à ce que toutes les institutions restent ouvertes, sans rétribution aucune pour l'entretien et l'instruction impérieuse des citoyens, ainsi que pour celle des étrangers; car chacun de ces établissements représente un temple de l'humanité, lequel sera ouvert pour tous, afin d'être comme le service du culte de la fraternité, et pour cette raison il sera entretenu par la république.

4° Le culte de la république est dans la fraternité; cependant le culte de toute autre religion doit être également protégé par le consul-gouverneur ; il faut donc qu'il porte toute son attention sur la base de chaque culte, du culte politique comme du culte moral, à savoir : sur l'éducation, qui se donne sans rétribution et d'une manière uniforme et générale pour tous les citoyens, et sur l'éducation spéciale et supérieure, qui correspond à la vocation et aux dispositions particulièrement manifestées par les individus.

5° Le consul gouverneur portera une attention spéciale sur le choix et l'emploi des trois préfets, de l'institut, du culte, et de l'éducation. Une fois par semaine, il les réunira pour tenir des conférences. La même attention est accordée aux fonctionnaires supérieurs des quatre ministres, avec lesquels il tient également conseil une fois par semaine; mais il doit surtout veiller à ce qu'aucun citoyen ne cumule plusieurs emplois qui ne sont pas dans la même catégorie, et à ce qu'ils ne soient pas doublement rétribués.

Art. 14.

1° Parmi les quatre ministres qui forment l'administration, le ministre de l'industrie doit surtout avoir recours à l'assistance et à l'avis du consul-gouverneur, l'industrie étant le levier de l'amélioration des rapports matériels de l'État; elle doit donc être basée sur des écoles, et constamment perfectionnée par un comité des progrès industriels.

2° Le ministre de l'industrie doit porter la plus grande sévérité dans les choix en nommant les fonctionnaires, soit pour les écoles industrielles, soit pour le comité des progrès, et s'informer lui-même, ou par l'intermédiaire de ses commissaires des travaux et des progrès; et à cet effet, il tiendra une fois par semaine conseil avec les deux directeurs nommés par le consul-gouverneur, et s'y fera assister par son secrétaire.

3° Il doit, en outre, envoyer chaque année des fonctionnaires en mission soit dansle pays, soit à l'étranger, afin de prendre connaissance de l'état de l'industrie et des améliorations qui se sont opérées, de faire examiner toutes les innovations et d'introduire celles que l'on a trouvées bonnes et qui ne présentent aucun désavantage dans les ateliers de l'industrie nationale, afin qu'elles puissent servir de modèle pour toutes les branches industrielles.

4° Mais il n'est pas loisible au ministre de l'industrie de permettre à un citoyen d'exercer un privilége ou d'exploiter une invention quelconque; car quelque avantage qu'elle offrît pour la société, elle ne pourrait que porter préjudice à une partie de la communauté, parce que d'un côté des citoyens seraient limités dans une industrie semblable, et de l'autre que des citoyens rencontreraient un obstacle légal pour améliorer cette invention; et du reste, tout citoyen a le droit ainsi que le devoir de contribuer aux progrès sous le rapport matériel, aussi bien que pour ce qui regarde les intérêts intellectuels de la république. Cependant tout citoyen mérite pour son invention un éloge public au nom de la patrie et, s'il en a besoin, un appui matériel pour l'achever et la perfectionner. Aussi l'inventeur d'un travail particulièrement utile recevra-t-il en plus une récompense spéciale du ministre de l'industrie, avec la contre-signature du consul-gouverneur, ou, si l'inventeur est étranger, avec la contre-signature du consul-président, lorsqu'il s'agit en outre de faire valoir le droit de citoyen.

5° L'industrie et ses progrès constituant le ressort de l'activité des citoyens et de la prospérité de la société, la concurrence et l'usufruit doivent être loisibles à tous, et l'entreprise de chaque citoyen, atelier ou fabrique, sera par conséquent protégée; mais il est interdit à un certain nombre de citoyens, et bien moins encore d'étrangers, de former une association afin de s'enrichir et d'exploiter l'État. Toutefois, lorsqu'une entreprise générale de ce genre devient nécessaire, l'État lui-même doit former cette société, surtout lorsqu'il s'agit d'intérêts d'agriculture et de travaux publics.

Art. 15.

1° Le ministre de l'agriculture et des travaux publics, assisté des directeurs nommés par le consul-gouverneur, nommera des fonctionnaires appliqués et expérimentés dans la matière, qui seront répandu dans tous les départements, et chargés de surveiller la culture et la conservation du sol et des travaux de communication, afin que tout citoyen puisse tirer le plus grand avantage possible de sa propriété, pour lui et au profit de l'intérêt général.

2° Les travaux publics, comme les instituts, chaussées, canaux, mines, desséchement de marais, reboisements et défrichements, seront toujours entretenus aux frais publics pour favoriser la production des biens fonciers et en faciliter le transport, constituant le côté nécessaire de tous les autres rapports et réclamant dès lors les plus grands soins, d'autant qu'ils servent en outre, ainsi que les ateliers nationaux d'industrie, comme de refuge et de ressource à tout citoyen qui veut travailler, et qui y trouve alors une solde journalière générale, conforme aux lieux et aux circonstances, afin que, par ce moyen, les citoyens ne se trouvent pas à la merci de l'exploitation des particuliers, obligés alors de concourir auprès de l'État au bénéfice du travailleur. C'est le seul moyen sûr d'organiser le travail, ce que l'État doit à la société pour garantir les travailleurs contre les autres citoyens, et les citoyens contre les travailleurs.

3° La propriété est sacrée, et le propriétaire foncier peut disposer de sa propriété à sa guise; cependant les fonctionnaires devront veiller à ce que la propriété productive ne soit ni négligée, ni exploitée outre mesure, abus respectif qui nuirait au sol de même qu'à la société. Mais l'État n'a pas d'autre droit sur la propriété de citoyens; et même lorsqu'il s'agit d'utilité publique, la nécessité sera jugée, de même que l'indemnité à accorder pour cette expropriation devra être fixée par une commission formée d'un nombre égal de fonctionnaires et de propriétaires impartiaux.

4° On établira aux frais de l'État des instituts qui se rattachent à l'éducation des bestiaux, à l'élève des moutons, aux haras, à l'art vétérinaire, afin de réparer les imperfections que présentent à cet égard les établissements des particuliers, et afin que l'État lui-même soit de la sorte dispensé d'acheter des chevaux à l'étranger, ce qui a toujours, surtout au temps de guerre, de grands inconvénients.

5° Pour que, dans le temps de mauvaises récoltes, la disette n'envahisse, ni le pays entier, ni même une partie de la république, on établira, aux frais de l'État, des magasins d'abondance. On obtiendra ainsi une certaine uniformité de prix dans tout le pays, et on mettra un obstacle invincible à l'usure des marchands de grains, et alors les producteurs ou détenteurs seront obligés de se défaire de leur provision au lieu de l'accaparer, ou d'exporter le blé, ce qui, hors les temps de cherté, doit être protégé par l'État. Ainsi, l'État, dans une république, est tenu de veiller scrupuleusement à ce que tout citoyen puisse gagner sa vie sans peine. Donc, le blé, de même que le numéraire, n'est que la propriété temporaire de ceux qui l'ont gagné, puisque le blé et l'argent, nécessaires à l'existence et au commerce de tous, doivent, comme le sang dans le corps humain, circuler et non s'accumuler, seulement être ramassés dans des réservoirs naturels afin d'empêcher la stagnation ou l'accumulation partielle, stagnation et accumulation qui mettent des entraves au commerce et au crédit de tout le corps social.

Art. 16.

1º Le ministre des finances, assisté de deux administrateurs du trésor de la république nommés par le consul-gouverneur, et avec les trois secrétaires attachés à chacun par le tribun de paix, se chargera de la surveillance rigoureuse du budget établi par l'Assemblée nationale, afin que l'équilibre entre les recettes et les dépenses n'éprouve aucun changement, et pour cela, chaque mois, il sera rendu compte de l'état exact des deniers publics, à l'effet de maintenir la confiance publique; car le crédit étant l'âme du commerce, dont le mouvement met en activité la vie de la société, est le moyen de procurer à tout citoyen qui a envie de travailler, la facilité de gagner son existence en raison directe de son activité et de son aptitude. Ce moyen moral donc, le crédit, est la véritable base de l'organisation du travail.

2º Les deniers publics sont la propriété de la république. Ainsi que chaque citoyen en particulier peut y faire valoir ses droits d'une manière indirecte, de même la fortune particulière appartient médiatement à la république; car c'est l'Assemblée nationale qui crée le numéraire et en détermine la répartition, afin de servir de moyen d'échange et de circulation parmi les citoyens. Ce numéraire est tenu en réserve, grâce à l'application des particuliers, pour en disposer dans le cas d'urgence, ou refoulé dans le trésor public, soit pour être distribué afin de subvenir aux besoins publics, soit pour être déposé à l'effet de servir en cas de besoin au profit de la république. La circulation utile des deniers publics dépend donc de la manière d'en régler l'emploi. Ainsi seront empêchées des stagnations et des accumulations dans certaines parties, car des millionaires ne sont pas moins à reprocher à une république que des mendiants.

3° Tout citoyen contracte donc l'engagement de travailler et de faire commerce avec le numéraire de la république, et de contribuer, avec le profit qu'il en tire, aux charges de l'État, directement par la contribution d'honneur en proportion de son affaire, en qualité de citoyen, et indirectement en proportion de ses jouissances comme homme en général. La contribution directe s'élève approximativement à un centime par jour pour tous ceux qui sont inscrits comme citoyens, jouissant par conséquent des droits de citoyen et de la protection de la république; cinq centimes par jour pour tout citoyen qui ne gagne pas sa vie à la journée; vingt-cinq centimes pour celui qui possède un atelier et occupe plusieurs travailleurs; un franc vingt-cinq centimes pour celui qui a un grand établissement ou fabrique; six francs vingt-cinq centimes pour le banquier et négociant; pour le capitaliste, enfin, qui ne fait pas d'affaires, le double au moins; au-delà, selon le chiffre de ses rentes, dont il doit indiquer religieusement le montant, et dans son propre intérêt, pour que, dans des cas de sinistre, il puisse réclamer la protection de la république.

4° Les contributions indirectes sont les plus essentielles. Mais afin d'éviter que les citoyens en ressentent la pression, elles devront porter moins sur les productions que sur les consommations, et même sur ces dernières, en descendant selon la nécessité générale, de sorte que les deux moyens les plus nécessaires de la subsistance, le pain et la presse, soient dégagés de tout droit.

5° Comme une bonne administration des finances ne se borne pas à un rapport favorable entre les recettes et les dépenses, mais se prouve aussi par l'emploi des autres capitaux, ainsi doit faitre l'État avec les deniers publics, lesquels, ainsi que ceux des particuliers, ne devront pas être laissés inactifs, mais devront être employés pour venir au secours des citoyens nécessiteux, sur bonne hypothèque, et aux mêmes intérêts que l'État doit accorder aux citoyens, lorsque des exigences imprévues dépassent le trésor public et qu'il se voit contraint de contracter un emprunt avec les citoyens, emprunt qui ne pourra être fait avec un banquier, bien moins encore avec un étranger. Ce n'est qu'ainsi que la république évitera toute usure et combattra d'avance, par ce moyen, son véritable et unique adversaire, la corruption, et non moins la plupart des autres tentatives de délits et crimes qui proviennent presque toujours de l'inconvénient matériel d'un État; car où les finances sont déréglées, il est difficile pour la justice de maintenir l'ordre public.

ART. 17.

1° Le ministre de la justice a l'administration la plus importante par son influence sur la paix parmi les citoyens, ayant toujours devant les yeux les deux principes essentiels de l'ordre et de la justice, c'est-à-dire la liberté des hommes, le droit, et l'égalité des citoyens, le devoir. Ainsi assisté de deux chefs du tribunal civil et du tribunal criminel, nommés par le consul-gouverneur et le tribun de paix, il veillera à ce que les fonctionnaires nommés par lui-même et rémunérés par l'État, rendent la justice promptement et sans rétribution aucune, dans tous les cas qui toutes les fois antérieurement ont été placés devant les jurés.

2° Les jurés sont comme arbitres des citoyens et gardiens non rétribués de la paix, les véritables juges de la république devant le tribunal public desquels, le jury, toute affaire litigieuse doit être portée, et de là, dans les cas douteux ou lorsque le jugement est insuffisant, à un tribunal supérieur, d'où un dernier recours a lieu selon qu'il s'agit de la république elle-même ou des citoyens particuliers, soit à l'Assemblée nationale prochaine, soit au consul-président, mais dont la décision définitive est toujours suivie de motifs et livrée à la publicité, car la république ne connaît que la justice et non la clémence.

3° La délivrance de la peine de mort n'est pas une grâce, vu que cette punition ne saurait exister dans une vraie république, où les citoyens ne peuvent pas punir un crime contre nature, qui est l'homicide, en commettant le même crime, mais doivent le faire expier en privant les criminels de leur liberté, plus chère que la vie. La détention sera alors d'une à neuf années, afin de leur ôter les moyens de nuire ; et à cette pénalité peut se joindre celle de la perte de l'égalité, c'est-à-dire que, dans les cachots, le criminel est privé des jouissances, tandis qu'il est surchargé de travail. Par cette privation, l'homme devient utile à la société dont il a été retiré à cause de son crime.

4° Les autres peines contre les délits commis contre les citoyens ou contre la société se rattachent aux lois établies par l'Assemblée nationale ou en imposant des dommages-intérêts pour avoir manqué aux devoirs prescrits : ainsi, en condamnant à une amende ou en privant l'inculpé des droits de citoyen pour neuf ans et même pour toujours, dans lequel cas la personne punie devra être regardée comme étrangère à la république. Mais lorsqu'un citoyen s'est évidemment montré l'ennemi de la république, alors le coupable a encouru la mort civile, la déportation ou l'exil, qui est la peine suprême de la république, dans lequel cas et après la confirmation du jugement par l'Assemblée nationale, le condamné, mis hors la loi, peut être traité comme ennemi de la république par tout citoyen qui le trouverait dans le pays.

5° Mais nul citoyen ne pourra être privé plus longtemps que neuf jours de sa liberté sans que, interrogé immédiatement après son arrestation, sa cause soit examinée dans cet intervalle : autrement le fonctionnaire respectif serait puni de la manière la plus rigoureuse, comme s'il avait porté atteinte à la liberté de tous les citoyens. Il en est ainsi de l'arrestation d'un citoyen par les gardes de cité, arrestation qui doit être autorisée par un pouvoir conforme aux règles prescrites et signé par un chef d'un des tribunaux, et en outre confirmé par le tribun de paix ou par un de ses commissaires, lorsqu'il s'agit d'une arrestation faite pendant la nuit dans le domicile d'un citoyen.

Art. 18.

1° Le tribun de paix, comme gardien du peuple souverain, doit protéger la sûreté de chaque citoyen ainsi que celle du gouvernement, et maintenir l'ordre public à l'aide de deux commandants de la garde nationale et de la garde de cité, nommés par le tribun de guerre et le consul-président, en employant la force publique, qu'il peut augmenter de la force armée en cas d'urgence, mais seulement avec l'assentiment du consul-président et du tribun de guerre.

2° Le tribun de paix devra donc veiller à ce qu'aucun citoyen ne soit arrêté, dans sa maison ou dans un lieu public, par la garde de cité sur un simple soupçon, à moins d'un flagrant délit, laquelle arrestation ne pourra même alors avoir lieu qu'avec l'assistance d'un garde national, celui qui se trouvera le plus à proximité; mais elle ne pourra jamais avoir lieu dans la nuit, au domicile d'un citoyen, sans la présence de deux gardes nationaux, lesquels, comme voisins, ne pourront refuser leur assistance personnelle pour ce procédé nécessaire lorsqu'il aura été suffisamment autorisé.

3° La tâche la plus importante du tribun de paix est la surveillance des élections, qu'il doit seconder lui-même dans la ville centrale; dans les chefs-lieux des départements, cependant il se fera représenter par des commissaires permanents qui de leur côté nomment dans les communes rurales des commissaires de tribun temporaires pour la durée des élections, afin que le suffrage universel, la base essentielle du gouvernement républicain, ne soit troublé en aucune manière dans sa marche régulière, et que toute violation soit constatée et sévèrement réprimée.

4° Les commissaires de tribun devront être nommés et maintenus par le tribun de paix, d'une manière permanente dans chaque département, afin de faire seconder par eux l'administration périphérique de la république, en surveiller la marche, afin de faciliter la correspondance avec les représentants du peuple dans l'intervalle de la session, de sorte que ceux-ci soient parfaitement renseignés sur tous les actes du gouvernement exécutif, bien que déjà livrés à la publicité et connus du tribun par ses secrétaires, qui font partie des diverses branches du gouvernement, à l'effet de faire convoquer, en cas d'urgence en une session extraordinaire, les représentants outre les réunions régulières de l'Assemblée nationale.

5° Le tribun de paix a, comme tous les membres du gouvernement exécutif, outre la garde de cité, une garde d'honneur fournie par la garde nationale, qu'il peut renforcer en cas de besoin, et particulièrement dans le cas extraordinaire et éventuel où il est autorisé par le danger de la république de suspendre un membre du gouvernement au nom de l'Assemblée nationale, qu'il doit alors immédiatement convoquer. Mais cet ordre ne pourra être mis à exécution qu'avec l'assentiment de neuf représentants du peuple, contresigné par le consul-président ou par la majorité du gouvernement exécutif. Au moment de cette exécution, la garde nationale sera présente et rassemblée soit par les maires respectifs, comme à l'ordinaire, ou, en cas de besoin, par le tribun même, qui, seulement, si, contre toute attente, il se rencontre une résistance, et d'accord avec le tribun de guerre, peut avoir recours aux militaires en garnison dans la ville centrale, garnison qui ne pourra jamais dépasser le tiers de la garde nationale.

Art. 19.

1° Le tribun de guerre, assisté du général en chef de l'armée et du grand amiral de toute la marine républicaine, maintiendra toutes les forces de la république dans un tel état, que la république, qui s'efforce à la vérité de maintenir la paix avec tous les peuples civilisés, puisse s'en servir à chaque instant aussitôt que la loi de la fraternité générale l'exige pour s'opposer à tout ennemi extérieur qui oserait menacer l'honneur ou le bonheur de la république ou d'un peuple ami de la république.

2° L'armée permanente principale comporte trois armées particulières, afin de les opposer en tout temps à trois ennemis différents ; cependant aucune ne doit dépasser le chiffre de cinquante mille hommes, nombre suffisant pour appuyer dans le temps de paix la garde nationale et la garde de cité pour le maintien de l'ordre dans toute la république. Les armées seront remplacées par une nouvelle levée, dès qu'elles auront franchi la frontière ; mais nulle armée ne pourra être concentrée dans le pays même sans la contre-signature du tribun de paix.

3° La marine, qui ne peut pas être si facilement et si promptement renforcée, doit être toujours au complet pour protéger le commerce et les colonies, et être prête en même temps à tenir tête à deux flottes ennemies.

4° A cette fin, le tribun de guerre devra avoir soin que les ports et les forts, les arsenaux et les écoles militaires soient maintenus dans un état complet, comme si la république, bien qu'elle jouisse de la paix la plus profonde, se trouvait dans un état de guerre permanent.

5° Le tribun de guerre ne pourra pas s'éloigner du milieu du gouvernement exécutif, afin d'être toujours à même d'appuyer de ses conseils et d'autoriser au besoin les généraux et amiraux respectifs dans leurs fonctions. Les généraux et amiraux, de leur côté, devront avoir à cœur que les troupes de la république n'exercent en dehors de celle de la bravoure militaire, si propre au soldat français, d'autre influence, dans un pays quelconque, que celle de leur présence ; nul militaire donc ne pourra léser la propriété et l'honneur de citoyens étrangers, s'il ne veut pas lui-même être traité comme ennemi de l'honneur et de la propriété des citoyens français, attendu que le sort des nations dépend quelquefois d'un seul coup de fusil.

ART. 20.

1° Tout soldat français est citoyen ; il est donc entretenu comme tel dans le pays pour le maintien de la paix, et lorsqu'il est hors du pays, il doit être regardé comme un défenseur de la république. Mais comme son devoir est plus rigoureux, il jouit du double droit de citoyen, à savoir : il contribue, d'après la loi fondamentale du suffrage universel, à l'élection des représentants du peuple de son département, et élit ses supérieurs jusqu'au grade de sous-lieutenant ; dans les temps de guerre cependant, ce sont les officiers qui font cette élection jusqu'au grade de capitaine, lequel vote alors pour toute la division. Mais, outre ces avantages, le militaire recevra encore de la république un traitement pour tout le temps de son service. De cette paye, en sa qualité de citoyen, ainsi que tout travailleur, il abandonne la contribution d'honneur simple. Toutefois, dans le temps de guerre, non-seulement il ne double pas cette contribution comme les autres citoyens qui payent leurs droits respectifs, mais il touche même un supplément de solde. Enfin, en cas de blessure ou de vieillesse qui le rende invalide, il est entretenu par la république jusqu'à sa mort, qui prendra en outre soin de sa veuve et de ses orphelins.

2° L'avancement a lieu, outre les élections, selon le rang d'inscription, et en temps de guerre, en outre, d'après la distinction sur le champ de bataille, ce qui est décidé dans le régiment par le conseil militaire formé du colonel, de son aide-de-camp que nomme le tribun de guerre, d'un militaire de chaque grade, et de deux simples militaires du bataillon respectif. Mais hors du régiment, lorsqu'il s'agit d'un avancement au grade de colonel ou de tout autre officier supérieur, jusqu'au général en chef, la nomination a lieu par le tribun de guerre avec la contre-signature du consul-président, nomination qui doit être appuyée et exécutée par l'adjudant du tribunal respectif attaché au général en chef et à chaque commandant.

3° Ainsi ce n'est que par le grade supérieur que le mérite militaire supérieur devra être dignement récompensé, soit immédiatement, ou, lorsque ce n'est pas faisable sur-le-champ, en prenant bonne note de ses droits, notes que ses camarades peuvent faire valoir à son profit. Toute autre vaine distinction ne contribue qu'à alimenter la vanité et blesse par conséquent tous les braves qui ont également rempli leur devoir, sans avoir trouvé l'occasion de se distinguer particulièrement. Ce clinquant donc, étant fait plutôt pour servir de moyen d'excitation à l'envie que pour stimuler le véritable mérite, est un hors-d'œuvre dans une république.

4° La négligence des devoirs d'un militaire, vu sa vocation en qualité de citoyen et en considération de sa mission comme défenseur de la république, sera réprimée par des peines plus rigoureuses, surtout dans le temps de guerre, où tout militaire, lorsque la preuve du délit commis volontairement au détriment ou au déshonneur de la république est faite devant un conseil militaire, sera traité en ennemi de la république par ses ci-devant camarades.

5° Tout citoyen peut s'engager volontairement pour neuf années de service militaire ou seulement pour la durée de la guerre; mais tout autre qui, à l'entrée dans la jouissance des droits du citoyen, c'est-à-dire dans sa vingtième année, a tiré au sort pour le service militaire, est obligé de rester lui-même dans l'armée républicaine, sans pouvoir quitter, ainsi que le volontaire, pendant son terme respectif, le service ou son poste, à moins d'autorisation spéciale; car, autrement, on le devra traiter comme ennemi de la république. Cette sévérité commence du moment où il entre au service effectif, levant de la main gauche le fusil, et de la droite la constitution pour s'écrier, en prenant le ciel à témoin : Vive la république!

IMPRIMERIE CENTRALE DE NAPOLÉON CHAIX ET Cie, RUE BERGÈRE, 8.

www.ingramcontent.com/pod-product-compliance
Ingram Content Group UK Ltd.
Pitfield, Milton Keynes, MK11 3LW, UK
UKHW020350220726
13923UKWH00004B/1603

9 782019 272777